Les majuscules et la ponctuation
Capitalization and Punctuation

Première à troisième année
Grades 1-3

Écrit par/Written by Ruth Solski
Traduit par/Translated by Sophie Campbell
Illustré par/Illustrated by S&S Learning Materials

ISBN 1-55035-827-8
Copyright 2006
Revised May 2006
All rights reserved * Printed in Canada

Published in the United States by:
On the Mark Press
3909 Witmer Road PMB 175
Niagara Falls, New York
14305
www.onthemarkpress.com

Published in Canada by:
S&S Learning Materials
15 Dairy Avenue
Napanee, Ontario
K7R 1M4
www.sslearning.com

Bilingual Workbooks in French and English

Basic Skills in Language and Mathematics for:

- French Immersion
- ESL (English as a Second Language)
- FSL (French as a Second Language)
- ELL (English Language Learners)

Congratulations on your purchase of a worthwhile learning resource! Here is a ready-to-use bilingual series for busy educators and parents. Use these workbooks to teach, review and reinforce basic skills in language and mathematics. The series' easy-to-use format provides French content on the right-facing page, and the corresponding English content on the left-facing page. Comprised of curriculum-based material on reading, language and math, these workbooks are ideal for both first and second language learners.

Wherever possible, the activities in this series have been directly translated from one language to the other. This "direct translation" approach has been used with all activities featuring core skills that are the same in both French and English. For the basic skills that differ between French and English, an "adaptation" approach has been used. In the adapted activities, the French content may be very different from the English content on the corresponding page – yet both worksheets present concepts and skills that are central to each language. By using a combination of both direct translations and adaptations of the activities, this bilingual series provides worksheets that will help children develop a solid understanding of the basic concepts in math, reading and language in both French and English.

Les majuscules et la ponctuation/Capitalization and Punctuation

Les majuscules et la ponctuation/Capitalization and Punctuation is an effective resource for teaching or reviewing the usage of capital letters and punctuation marks while writing. The capitalization activities reinforce the recognition of *why, where* and *when* capital letters are used. The punctuation activities develop the awareness of where and when punctuation marks, such as the period, question mark, exclamation mark, comma, and quotation marks are used.

Also Available
French/English Practice in...

SSY1-16	La numération/Numeration
SSY1-17	L'addition/Addition
SSY1-18	La soustraction/Subtraction
SSY1-19	Les sons/Phonics
SSY1-20	La compréhension de textes/Reading for Meaning
SSY1-22	La rédaction de phrases/Sentence Writing
SSY1-23	La rédaction de textes/Story Writing

Des cahiers d'exercices bilingues anglais-français

Connaissances langagières et mathématiques de base en :

- Immersion française
- ALS (Anglais, langue seconde)
- FLS (Français, langue seconde)
- ALM (Anglais, langue maternelle)

Félicitations! Vous avez acquis une ressource utile! Les éducateurs et les parents occupés apprécieront les cahiers de cette série bilingue prête à utiliser. Employez-les pour l'enseignement, la révision ou le perfectionnement des connaissances langagières et mathématiques de base. Dans ces cahiers, on présente le contenu anglais sur la page de gauche et le contenu français correspondant sur la page de droite, ce qui en facilite l'utilisation. Composés de notions tirées des programmes d'études en lecture, en acquisition de la langue et en mathématiques, ces cahiers conviennent parfaitement aux élèves qui apprennent l'anglais, langue maternelle ou seconde ou le français, langue seconde.

Dans tous les cas où cela était possible, c'est-à-dire dans les cas où les connaissances fondamentales sont les mêmes, indépendamment de la langue, on a simplement traduit les exercices de la présente série de cahiers d'une langue à l'autre. En ce qui concerne les connaissances de base qui sont différentes en français et en anglais, on a plutôt « adapté » les exercices. Dans les exercices adaptés, il est possible que le contenu français soit très différent du contenu anglais de la page correspondante, mais les deux feuilles d'activités présentent des notions et des habiletés essentielles dans la langue pertinente. Grâce à la combinaison de simples traductions et d'adaptations des exercices, la présente série de cahiers constitue pour les enfants une aide à l'acquisition d'une solide compréhension des notions de base en mathématiques, en lecture et en connaissance de la langue tant en français qu'en anglais.

Les majuscules et la ponctuation/Capitalizatin and Punctuation

Les majuscules et la ponctuation/Capitalization and Punctuation constitue une aide efficace à l'enseignement ou à la révision de l'utilisation des majuscules et des signes de ponctuation. Les activités d'emploi des majuscules renforceront les connaissances quant au bon usage des majuscules et aux raisons qui l'expliquent. Les activités d'emploi de la ponctuation feront mieux comprendre aux enfants les contextes dans lesquels on doit utiliser par exemple le point, le point d'interrogation, le point d'exclamation, la virgule et les guillemets.

Sont aussi offerts :
les exercices français-anglais...

Capitalization Rules
for Parents and Teachers

Use capital letters in each of these places:

1. For the names of people and pets, the titles and initials of people and the word "I".

   Examples:

Mr. George S. Brown	R.M. Solski
Walter the Wonder Dog	King Henry VIII

2. For the names of the months, days and holidays.

   Example:

   Valentine's Day is celebrated on February 14th every year.

3. For the names of countries, provinces or states, cities, towns, mountains, rivers, lakes, oceans and important places.

   Examples:

   My aunt lives in New York City.
   Last summer we visited the Rocky Mountains on the west coast.
   The Atlantic and Pacific Oceans have salty water.
   I went to Disney World with my parents.

4. For the names of particular streets, avenues, roads and buildings.

   Examples:

   My school is located on Bennett Road.
   The baseball game will be played at St. Frances Public School on Dairy Avenue.
   My address is 73 Dundas Street, Ontario, California.
   I will meet you at the Memorial Center at four o'clock.

5. For the first word of each sentence.

   Examples:

   We must work carefully while writing sentences. A sentence begins with a capital letter.

Règles d'emploi des majuscules à l'intention des parents et des professeurs

Utiliser une majuscule dans chacun des cas qui suivent :

1. Aux noms des personnes et des animaux de compagnie, aux titres de civilité des personnes quand on s'adresse à elles ou qu'on les abrège, ainsi qu'aux initiales des personnes.

   Exemples :
M. Georges Brunet	J.-F. Hamel
Kiki le chien chantant	le roi Henri VIII

2. Aux noms des jours fériés et des fêtes.

   Exemple : | La Saint-Valentin se fête le 14 février chaque année. |

3. Aux noms des pays, des provinces, des états, des villes, des villages, des montagnes, des rivières, des océans et des lieux importants.

   Exemples :
   Ma tante vit à New York.
   L'été dernier, nous sommes allés voir les montagnes Rocheuses sur la côte ouest.
   L'eau des océans Atlantique et Pacifique est salée.
   Je suis allée à La Ronde avec mes parents.

4. Aux noms des rues, des avenues, des routes et des bâtiments.

   Exemples :
   Mon école se trouve sur la rue Beaubien.
   La partie de baseball aura lieu à l'école Saint-Eugène, sur la rue Dollier.
   Mon adresse est le 73, rue Bourbon, Bâton Rouge, Louisiane.
   Rendez-vous au Centre commémoratif à 16 h.

5. Au premier mot de chaque phrase.

   Exemples :
   Il faut être bien attentif quand on écrit. Une phrase commence par une majuscule.

6. For the first word of the speaker in a quotation.

Examples:
> Benny replied, "It was just an accident. His mother said, "Will you try to be more careful?"

7. For the first word in a greeting or closing of a letter.

Examples:

Dear Grandma,	Your loving grandson,
Dear Sir,	Yours truly,

8. For the first word and all important words in the titles of books, stories and poems.

Examples:
> I have just read the book called "The Lord of the Rings".
> My favorite poem is called "The Night Before Christmas."

9. For the first word in each line of poetry.

Examples:
> As I walked across the fluffy snow
> I spotted a jerky winding trail
> An animal's zigzag marks in a row
> Left by a creature with a soft white tail.

10. For words referring to brand names of products, or proper names of newspapers.

Examples:

Chevrolet	Pepsi	*Los Angeles Times*
Ford	Maytag	*Chicago Tribune*
Coke	Ferrari	

6. Au premier mot d'une citation.

Exemples :

> Benoît a répondu : « C'était un accident. » Sa mère a répliqué : « Peux-tu essayer d'être plus prudent? »

7. Au premier mot de l'appel et des salutations d'une lettre.

Exemples :

> Chère grand-maman,
> Veuillez croire, chère grand-maman, à mon meilleur souvenir.
> Monsieur,
> Je vous prie d'agréer, Monsieur, mes salutations les meilleures.

8. Au premier mot d'un titre de roman, de nouvelle ou de poème.

Exemples :

> Je viens de lire *Les plus belles années de notre vie.*
> Mon poème préféré s'intitule *Le vaisseau d'or.*

9. Au premier mot de chaque vers d'un poème.

Exemples [extrait d'un poème d'Alain Grandbois] :

> Les jungles peuplées
> De silences trop sonores
> N'ont rien ajouté
> À l'ensorcellement de l'aube

10. Aux noms commerciaux des produits et aux titres de journaux.

Exemples :

Chevrolet	Pepsi	*Los Angeles Times*
Ford	Maytag	*Chicago Tribune*
Coke	Ferrari	

La Presse
Le Journal de Montréal

Les majuscules et la ponctuation/Capitalization and Punctuation

Using Capital Letters

Remember to use capital letters at the beginning of the names of people, poems, titles, **peoples' initials** and the word "I".

Examples:

> Charlie Brown, Rover, King Henry VII, Dr. T.S. Green, I

On the lines provided, copy each sentence and put in the missing capital letters.

1. terry and anna live in an old brick house.

   Terry and Anna live in an old brick house

2. mary read a story called "the fox and the grapes".

   Marry read a story called "The Fox and the Grapes".

3. harry and elizabeth went to see dr. j.p. scott for their yearly checkup.

   Harry and Elizabeth went to see Dr. J.P. Scott for their yearly checkup

4. queen elizabeth II lives in a place called buckingham palace.

   Queen Elizabeth II lives in a place called Buckingham palace.

5. i have a dog named felix and a cat named charlie.

   I have a dog named Felix and a cat nammed Charlie.

6. mr. and mrs. miller walk to the park every day with their granddaughter emma.

   Mr and Mrs Miller walk to the park every day with their granddaughter Emma

Skill: Using capital letters on names, initials and the word "I".

© On the Mark Press • S&S Learning Materials   8   OTM-2521 • SSY1-21 Les majuscules et la ponctuation

L'emploi des majuscules

N'oublie pas d'employer la majuscule pour les noms de **personnes**, les **titres** et les **initiales**.

Exemples : | Charlie Brown, *Le roi se meurt*, Dr T. S. Green

Recopie chaque phrase sur les lignes prévues à cet effet, en prenant soin d'y ajouter les majuscules manquantes.

1. martin et anne vivent dans une vieille maison de briques.

   Martin et Anne vivent dans une vieille maison de briques.

2. marie a lu une fable intitulée *la poule aux œufs d'or.*

   Marie a lu une fable intitulée La poule aux œufs d'or.

3. henri et élisabeth ont fait faire leur bilan de santé annuel chez le dr j.-p. simard.

   Henri et Élisabeth ont fait faire leur bilan de santé annuel chez le dr. J.-P. Simard

4. la reine elizabeth II vit dans un endroit qui s'appelle le palais de buckingham.

   La reine Élizabeth II vit dans un endroit qui s'appelle le palais de Buckingham

5. j'ai un chien qui s'appelle filou et un chat qui s'appelle chahut.

   J'ai un chien qui s'appelle Filou et un chat qui s'appelle Chahut

6. m. et mme millaire font une promenade au parc tous les jours avec leur petite-fille emma.

   M. et Mme Millaire font une promenade au parc tous les jours avec leur petite-fille Emma

Habileté : emploi des majuscules dans les noms, les titres et les initiales

Using Capital Letters

Remember to use capital letters at the beginning of the names of **months**, **days** and **holidays**.

Example:

> **Christmas Day** is celebrated on **December** 25 every year.

On the line provided, write the name of the day, month or holiday that answers each riddle.

1. It is said to be the month of love.

   Valentines- Day

2. People wear green in this month on St. Patrick's Day.

   Saint.Patrick Days

3. Many people go to church on this day.

   Easter Sunday

4. It is a special time when children wear masks and costumes.

   Halloween

5. On this day tricks are played.

   April 1st / April fools

6. What day do we remember the men who fought in World War II?

   Rememberance Day

7. Children go to school on these days.

   Almost every day

8. A special rabbit brings treats during this holiday.

   Easter Monday

9. Thanksgiving Day is celebrated in this month.

   October / November

10. This month usually has only 28 days.

    Febuary ?

Skill: Using capital letters at the beginning of the names of months, days and holidays.

L'emploi des majuscules

N'oublie pas d'utiliser la majuscule aux noms des **jours fériés** et des **fêtes**. Seul le premier mot prend la majuscule. Si celui-ci est « Jour » ou « Fête », le deuxième prend aussi la majuscule.

Exemple :

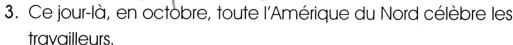

On célèbre Noël le 25 décembre chaque année.

Sur la ligne prévue à cet effet, écris le nom du jour ou de la fête qui répond à la devinette.

1. On dit que c'est la fête des amoureux.

   Le 14 février (chaque année)

2. Les gens portent du vert en ce jour de la fête des Irlandais.

   Le 17 mars (chaque année)

3. Ce jour-là, en octobre, toute l'Amérique du Nord célèbre les travailleurs.

   _____

4. Il s'agit d'un jour spécial où les enfants se déguisent.

   Le 30 octobre (chaque année)

5. Ce jour est le premier de l'année.

   Le 1 janvier (chaque année)

6. Comment s'appelle le jour où nous commémorons le souvenir des

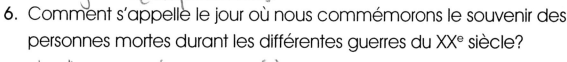

   personnes mortes durant les différentes guerres du XXe siècle?

   Le 11 novembre (chaque année)

7. Cette fête canadienne s'appelait autrefois Jour de Victoria.

   Le 1 juin (chaque année)

8. Un lapin spécial apporte des œufs et des friandises ce jour-là.

   Le 21 avril (chaque année)

9. Au Canada, on célèbre cette fête en octobre, et aux États-Unis, on la célèbre en novembre.

   Le 14 octobre (chaque année)

10. Quel est l'autre nom de la veille de Noël?

    _____

Habileté : emploi de la majuscule aux noms des jours fériés et des fêtes

Using Capital Letters

Remember to use capital letters at the beginning of the names of countries, states, cities, towns, villages, mountains, rivers and important places and buildings.

Examples:

Australia, Canada, Florida, Chicago, Mount Everest, Mississippi River, Eiffel Tower, Disney World, Lake Michigan

Circle each word, in the sentences below, that need a capital letter.

1. martha and peter live in lebanon, new hampshire.

2. our class went to south pass city historic site in south pass, wyoming.

3. have you ever been to the top of the cn tower?

4. lucy maud montgomery was born and raised in a village called cavendish in prince edward island.

5. the mississippi river is one of north america's largest rivers.

6. there is a large display of dinosaurs at the utah museum of natural history.

7. the statue of liberty welcomes people to the city of new york.

8. my family enjoys spending a day at disney land.

9. many people have tried to climb mount everest.

10. north america and south america are neighbors.

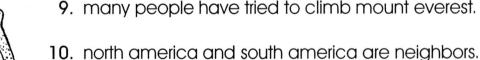

Skill: Using capital letters at the beginning of the names of countries, provinces, states, cities, towns, villages, mountains, rivers, important places and buildings.

L'emploi des majuscules

N'oublie pas d'employer la majuscule initiale aux noms **de pays, de provinces, de villes, de villages, de montagnes, de rivières** et **d'importants endroits et bâtiments.**

Sauf exception, le générique (ex. : rivière, mont, etc.) ne prend pas la majuscule.

Dans le cas d'un endroit important, si un générique n'est modifié que par un adjectif, c'est le générique qui prend la majuscule (ex. : Centre architectural de Florence). Seul le premier mot spécifique prend la majuscule (ex. : centre d'Art amérindien).

Exemples :

> Australie, Canada, Floride, Chicago, mont Everest, fleuve Mississippi, Tour Eiffel, La Ronde, lac Michigan

Dans les phrases ci-dessous, encercle tous les mots qui devraient avoir une majuscule initiale.

1. marthe et pierre vivent à bâton rouge, louisiane.

2. notre classe est allée au site historique du fort-chambly, au québec.

3. es-tu déjà monté tout en haut de la tour cn?

4. lucy maud montgomery est née et a grandi dans le village de cavendish à l'île-du-prince-édouard.

5. le fleuve mississippi est un des plus grands fleuves d'amérique du nord.

6. de nombreux fossiles de dinosaures sont exposés au musée d'histoire naturelle de l'utah.

7. la statue de la liberté accueille les gens dans la ville de new york.

8. ma famille aime s'amuser à la ronde.

9. de nombreuses personnes ont tenté de gravir le mont everest.

10. l'amérique du nord et l'amérique de sud sont voisins.

Habileté : employer la majuscule initiale aux noms de pays, de provinces, d'états, de villes, de villages, de montagnes, de rivières et d'importants endroits et bâtiments

Using Capital Letters

Remember to use capital letters at the beginning of the names of streets, avenues, roads and **important buildings**.

Examples:

> Jamie lives at 356 Duncan Avenue.
> The Mall of America is a great place to shop.

Underline the names of streets and important buildings found in the mailbox. Then write them on the lines provided using capital letters correctly.

fairyland	pizza hut
sundance circle	post office
fire station	lakeside park
bank of montreal	baseball glove
totem pole	trinity church
bath road	main street
teddy bear	police station
queen's university	princess street
swimming pool	railway station
riverside zoo	bus stop

_____

_____

_____

_____

Skill: Using capital letters at the beginning of the names of streets and buildings.

L'emploi des majuscules

N'oublie pas d'utiliser la majuscule aux noms des **rues**, des **avenues**, des routes et des **bâtiments importants**.

Exemples :

> Jeanne vit au 356, avenue Duncan.
> Le Centre Eaton est un endroit idéal où faire des courses.

Dans la boîte aux lettres, souligne les noms de rues, de lieux et d'établissements spécifiques. Ensuite, transcris-les sur les lignes prévues à cet effet, en y ajoutant les majuscules nécessaires.

royaume des fées	pizza hut
chemin chambly	bureau de poste
poste de pompiers	*central park*
banque de montréal	gant de baseball
mât totémique	*trinity church*
promenade sussex	rue principale
ours en peluche	poste de police
université mcgill	rue papineau
piscine	gare
zoo de san diego	arrêt d'autobus

_____

_____

_____

_____

_____

_____

Habileté : emploi de la majuscule aux noms de rues et de lieux

Using Capital Letters

Remember to use capital letters on the **first word** of a sentence.

Example:

Many good books have been written for children.

Write the words, in each box, in the correct order to make a good sentence. Remember to use a capital letter on the first word.

1. | were lost hansel gretal and woods in the |
   | --- |

   _____

2. | gingerbread made of to a house came they |
   | --- |

   _____

3. | the house in a wicked witch gingerbread lived |
   | --- |

   _____

4. | children cage the put she a in |
   | --- |

   _____

5. | to witch wanted to them the eat fatten |
   | --- |

   _____

6. | tricked witch the hansel escaped and gretal and they |
   | --- |

   _____

Skill: Using capital letters at the beginning of sentences.

L'emploi des majuscules

N'oublie pas d'employer la majuscule initiale au **premier mot** d'une phrase.

Exemple : On a écrit de nombreux bons livres pour enfants.

Utilise les mots de l'encadré pour former une phrase correcte. N'oublie pas d'employer la majuscule initiale au premier mot.

1. perdus et étaient gretel dans forêt hansel la

_____

2. maison arrivèrent une à en d'épice ils pain

_____

3. dans vilaine vivait la pain sorcière en d'épice une maison

_____

4. en mit enfants les elle cage

_____

5. engraisser sorcière les voulait pour manger la les

_____

6. la et trompèrent sorcière gretel et hansel s'enfuirent

_____

Habileté : emploi de la majuscule en début de phrase

Using Capital Letters

Remember to use capital letters for the **speaker in a quotation**.

Examples:

> "**H**ere are some fat, juicy worms," said Mother Robin
> to her babies.
> "**I** wish that spring would come soon," said Mrs. Rabbit.

Neatly copy the following sentences. Be sure to put the missing capital letters on the correct words.

1. "the ice, at the pond, should be fine to skate on today," said mary.

   _____

   _____

2. "betty!" cried her mother in an angry voice. "if you don't hurry i'm going without you."

   _____

   _____

3. "big bird," cried little frog, "surely you don't want to eat a little lost frog."

   _____

   _____

4. "i don't see anything funny," cried grandmother. "why are you laughing so hard?"

   _____

   _____

5. squeak shouted to pip, "mrs. rabbit often hides food in the empty holes. let's see if she has hidden any in this one."

   _____

   _____

Skill: Using capital letters in quotations.

L'emploi des majuscules

N'oublie pas d'utiliser la majuscule initiale lorsque tu **cites les paroles de quelqu'un.**

Exemples :

> « Voici des vers gras et juteux », dit Maman Merle à ses petits.
>
> « Si seulement le printemps pouvait arriver bientôt », dit M. Lapin.

Recopie soigneusement les phrases qui suivent. Assure-toi d'ajouter les majuscules nécessaires.

1. « la glace, sur l'étang, est sans doute parfaite pour le patinage aujourd'hui », dit marie.

   _____

   _____

2. « béatrice! », cria sa mère d'une voix fâchée, « si tu ne te dépêches pas, je pars sans toi. »

   _____

   _____

3. « gros oiseau, s'écria petite grenouille, tu ne veux sûrement pas manger une petite grenouille perdue. »

   _____

   _____

4. « je ne vois pas ce qu'il y a de drôle, s'écria grand-mère, qu'as-tu à tant rire? »

   _____

   _____

5. cuicui cria à gazou : « mme lapin cache souvent de la nourriture dans les orifices vides. voyons si elle n'en aurait pas caché dans celui-ci. »

   _____

   _____

Habileté : emploi de la majuscule dans les citations

Using Capital Letters

Remember to use capital letters for the first word in the **greeting** or **closing** of a letter.

Examples:

Dear Grandma	Your loving grandson
Dear Sir	Yours truly
Dear Mr. Bower	Love always

Copy the following thank you letter on the lines in the note paper. Remember to use capital letters where they are needed.

---

march 29, 200___

dear grandma,

thank you for the wonderful birthday present. i can hardly wait to use it this year when i play baseball. all my friends think it is a neat baseball glove. hope to see you soon.

your loving grandson
alex

Skill: Using capital letters while writing letters.

L'emploi des majuscules

N'oublie pas d'employer la majuscule au premier mot de l'appel et des salutations d'une lettre.

Exemples :

> Chère grand-maman,
> Veuillez croire, chère grand-maman, à mon meilleur souvenir.
> Monsieur,
> Je vous prie d'agréer, Monsieur, mes salutations les meilleures.
> Madame,
> Recevez, Madame, mes hommages.

Recopie la lettre de remerciements qui suit sur les lignes du papier à lettres. N'oublie pas d'ajouter les majuscules nécessaires.

> 29 mars 200___
>
> chère grand-maman,
>
>   merci pour le super cadeau d'anniversaire. j'aurai du mal à attendre que la saison de baseball commence pour l'utiliser. tous mes amis trouvent mon nouveau gant très chouette. à très bientôt.
>
>   veuillez croire, chère grand-maman, à mon meilleur souvenir.
>
>   alex

Habileté : emploi de majuscules dans la correspondance

Using Capital Letters

Remember to use capital letters for the first word and all the **important words** in **titles** of books, stories and poems.

Examples:

> Have you read the book called "Fantastic **Mr. Fox**" by Roald Dahl?
>
> One of my favorite poems is called "The Little Elfman".

Rewrite each title below and put capital letters on all the important words.

1. the mouse and the motorcycle

   _____

2. the princess and the pea

   _____

3. the pied piper of hamelin

   _____

4. our yard is full of birds

   _____

5. the magic school bus inside the earth

   _____

6. the bunny who found easter

   _____

7. over in the meadow: an old country rhyme

   _____

8. caves: facts, stories, activities

   _____

9. the little crooked christmas tree

   _____

10. the worm song and other tasty tunes

    _____

Skill: Using capital letters in titles.

L'emploi des majuscules

N'oublie pas d'employer une majuscule au premier mot des **titres de romans**, de **nouvelles** et de **poèmes**.

Exemples :

> As-tu lu *Le fantôme à la jambe de bois* de Marie-Hélène Delval?
>
> Un de mes poèmes préférés s'intitule *L'heure du berger*.

Transcris les titres ci-dessous en y ajoutant les majuscules requises.

1. hôtel rimini

   _____

2. le petit chaperon rouge

   _____

3. vacances joyeuses

   _____

4. armeline fourchedrue

   _____

5. arrivés à bon port

   _____

6. le capteur de rêves

   _____

7. le temps ne s'arrête pas pour les souris

   _____

8. charlotte porte bonheur

   _____

9. un vélo pour petit tigre

   _____

10. lucine et malo

   _____

Habileté : emploi de la majuscule dans les titres

Using Capital Letters

Remember to use capital letters on the **first word** of each line of poetry.

Example:

Humpty Dumpty sat on the wall,
Humpty Dumpty had a great fall.
All the King's horses and all the
King's men,
Couldn't put Humpty Dumpty
together again.

Copy the following poems on the lines provided. Put in the necessary capital letters. Draw a picture of each verse in the box.

1. once I saw a little bee
   flying near an apple tree.
   when I walked towards a rose
   the bee stung me on my nose.

   _____
   _____
   _____
   _____

2. there was a little frog
   that sat on a log,
   and every time it spoke
   it went croak, croak.

   _____
   _____
   _____
   _____

3. see the little robin
   sitting in a tree.
   everything is quiet
   and so is he.

   _____
   _____
   _____
   _____

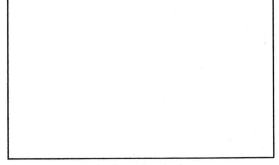

Skill: Using capital letters in poetry.

L'emploi des majuscules

N'oublie pas d'employer la majuscule initiale au **premier mot** de chaque vers des poèmes.

Exemples :

> Un petit lapin
> Se cachait dans le jardin
> Cherchez-moi coucou, coucou
> Je suis caché sous un chou
> Remuant le nez
> Il se moque du fermier

Recopie les poèmes qui suivent sur les lignes prévues à cet effet. Tu dois ajouter les majuscules requises. Dans le cadre, fais un dessin qui représente l'ensemble des vers.

1. c'est la mère michel,
   qui a perdu son chat.
   qui crie à la fenêtre
   à qui le lui rendra.

   _____
   _____
   _____

2. sur le pont d'avignon,
   on y danse, on y danse
   sur le pont d'avignon,
   on y danse, tout en rond.

   _____
   _____
   _____

3. à la claire fontaine,
   m'en allant promener
   j'ai trouvé l'eau si belle
   que je m'y suis baigné

   _____
   _____
   _____

Habileté : emploi de la majuscule dans les poèmes

Using Capital Letters

Remember to use capital letters on brand names, names of newspapers, or courses that you would take in school.

Examples:

> My favorite car is a Chevrolet Grand Am.
> Tide is the only soap my mother uses.
> Have you seen the Maytag commercial?

Neatly copy each sentence on the lines provided. Put capital letters where they are needed.

1. i plan to take economics 101 and philosophy 100 when i go to college.

_____

_____

2. my parents read the *los angeles times* every night after supper.

_____

_____

3. there has always been competition between coke and pepsi soft drinks.

_____

_____

4. i am sure that the *wall street journal* has all the business news.

_____

_____

5. do you read the *los angeles times* or the *daily news*?

_____

_____

6. my dream is to drive a ferrari when i am older.

_____

_____

Skill: Using capital letters on proper names.

L'emploi des majuscules

N'oublie **pas** d'employer la majuscule dans les noms de **produits** et les titres de journaux.

Exemples :

> Ma voiture préférée est la Pontiac Grand Am.
> Tide est le savon à lessive que ma mère utilise.
> As-tu vu l'annonce de Maytag?

Copie soigneusement chaque phrase sur les lignes prévues à cet effet. N'oublie pas les majuscules requises.

1. j'adore le style des montres swatch.

   _____

   _____

2. mes parents lisent le *los angeles times* chaque soir après le souper.

   _____

   _____

3. les boissons gazeuses coke et pepsi ont toujours été en concurrence.

   _____

   _____

4. je suis certaine que le *wall street journal* contient toutes les nouvelles sur le monde des affaires.

   _____

   _____

5. lis-tu le *los angeles times* ou le *daily news*?

   _____

   _____

6. je rêve de conduire une ferrari quand je serai plus vieux.

   _____

   _____

Habileté : emploi des majuscules dans les noms propres

Punctuation Rules for Parents and Teachers

1. A **period** (.) is used:

   A)   After a **statement** and after a **command sentence**.

   Examples:

   > 1. Jim has a collection of seashells that he found on the beach this summer. (Statement)
   > 2. Please walk quiety in the hall. (Command sentence)

   B)   After an **initial** and after an **abbreviation**.

   Examples:

   > 1. Mrs. Hazel R. Black (Initial)
   > 2. Tues. Feb. 12, 200__ (Abbreviations)

2. A **question mark** (?) is used after a question sentence.

   Examples:

   > 1. What did you have for lunch today?
   > 2. How many passengers are in the airplane?

3. An **exclamation mark** (!) is used:

   A)   After an **exclamation sentence**.

   Examples:

   > 1. What a long way you have traveled!
   > 2. My, but your dog has a long tail!

   B)   After a strong **interjection**:

   Examples:

   > 1. How sharp the knife is!
   > 2. Oh! This dessert is delicious!

4. A **comma** (,) is used:

   A)   To **separate words** in a list or series.

Règles de ponctuation à l'intention des parents et des professeurs

1. On utilise le **point** (.) :

   A)   À la fin de la **phrase affirmative** et de la **phrase impérative**.

   Exemples :

   > 1. Jim possède une collection de coquillages qu'il a trouvés sur la plage cet été. (Phrase affirmative)
   > 2. Veuillez éviter le bruit lorsque vous traversez le hall. (Phrase impérative)

   B)   À la fin d'une **initiale** ou d'une **abréviation** (sauf si les dernières lettres de l'abréviation sont les dernières lettres du mot).

   Exemples :

   > 1. Mme H. Beaudoin (initiale)
   > 2. Mardi 12 févr. 200__ (abréviation)

2. On utilise le **point d'interrogation** (?) à la fin de la phrase interrogative.

   Exemples :

   > 1. Qu'as-tu mangé au dîner?
   > 2. Combien y a-t-il de passagers dans l'avion?

3. On utilise le **point d'exclamation** (!) :

   A)   À la fin d'une **phrase exclamative**.

   Exemples :

   > 1. Comme vous arrivez de loin!
   > 2. Mais quelle longue queue a votre chien!

   B)   À la fin d'une **interjection**.

   Exemples :

   > 1. Zut! Je me suis coupée!
   > 2. Oh! Ce dessert est délicieux!

4. On utilise la **virgule** (,) :

   A)   Pour **séparer** les mots d'une liste ou d'une série (sauf devant le « et » et le « ou »).

Examples:

1. For lunch Joe ate a vegetable, soup, and eggs.
2. Bring your pencil, eraser, and books.

B) To **set off** the name of the person or thing about whom, or for whom, the sentence is composed.

Examples:

1. Paula, have you ever ridden in a submarine?
2. Is an airplane ride your favorite, Tom?

C) To **set off** the answer words **yes** and **no** at the beginning of a sentence.

Examples:

1. Yes, I like chocolate ice cream.
2. No, I do not have enough money.

D) To separate the **explaining words** from the quotations in written conversations.

Examples:

1. Bill asked, "Aren't you going to play hockey this afternoon?"
2. Jim grumbled, "No, I have to go to a girls' birthday party."

Exceptions:

1. "The time is up," announced the teacher.
2. "Did you feed your rabbit, Brian?" asked his mother.
3. "What a nuisance that rabbit is!" Father grumbled.

E) After the **greeting** and **closing** of a friendly letter.

Examples:

Greetings	Closings
Dear Jim,	Yours truly,
My dear Mother,	Your loving son,

Exemples :

> 1. Jean a mangé des légumes, une soupe et des œufs ce midi.
> 2. Apportez votre crayon, votre gomme à effacer et vos livres.

B) Pour **isoler** le nom de la personne à qui on s'adresse du reste de la phrase.

Exemples :

> 1. Paula, as-tu déjà été dans un sous-marin?
> 2. Les voyages en avion sont-ils ceux que tu préfères, Thomas?

C) Pour **isoler** la réponse « **oui** » ou « **non** » en début de phrase.

Exemples :

> 1. Oui, j'aime la glace au chocolat.
> 2. Non, je n'ai pas assez d'argent.

D) Pour séparer la **proposition explicative** de la citation.

Exemples :

> 1. « Ne joues-tu pas au hockey cet après-midi? », a demandé Benoît.
> 2. « Non, je dois aller à la fête de ma petite sœur », a ronchonné Julien.

E) Pour **séparer** le **nom** d'une ville ou d'un village du nom de sa province, son état ou son pays dans un texte.

Pour **séparer** le **numéro** du nom de la rue dans la correspondance.

Exemples :

> 1. Ma famille a déménagé de Londres, Angleterre à Atlanta, Géorgie.
> 2. 2100, rue South State

F) To **separate** the **names** of a city, town or village from the province or state in a country.

Examples:

> 1. My family moved from London, England to Atlanta, Georgia.
> 2. We are moving to Salt Lake City, Utah in December.

G) To **separate** the **day** of the **month** and the **year**.

Examples:

> April 25, 200__ January 11, 200__

5. An **apostrophe** (') is used:

A) To show **ownership** or **possession** except with the word "it".

Examples:

> My mother's new chesterfield is very colorful.
> Its pillows are soft and comfortable.

B) To show where **letters** have been **left out** in contractions.

Examples:

> has not - hasn't   we have - we've   does not - doesn't

*Note: Use contractions only when writing quotations and friendly letters.

6. **Quotation marks** (" ") are used:

A) To enclose the **exact words** that someone has **said** or **thought**.

Examples:

> 1. "I was born and raised in a briar patch," sang Brer Rabbit.
> 2. Brian called, "Who left the rabbit cage door open?"

B) To **enclose** the words that are the **titles** of books, poems, songs or stories.

Examples:

> 1. Have you ever read the book called "Number the Stars"?
> 2. I love to sing the song called "Over the Rainbow".
> 3. Mary recited the poem called "A Modern Dragon".

F) Dans l'**inversion** (toute construction où l'on donne aux mots un autre ordre que l'ordre considéré comme normal).

Exemple :

> À l'aide des fraises que j'ai cueillies, j'ai fait de la confiture.

G) Dans une lettre, à la fin de l'appel et pour isoler la reprise de l'appel dans les salutations.

Exemple :

> Cher papa,
>
> Je m'amuse beaucoup à la colonie de vacances (...)
> Reçois, cher papa, toute mon affection.
>
> Lucie

5. On utilise l'**apostrophe** (') :

A) Pour élider une voyelle finale quand une voyelle initiale la suit.

Exemples :

> il l'aime (et non *il la aime*)   l'art (et non *le art*)   qu'on (et non *que on*)

B) Pour élider une voyelle finale quand un h muet la suit.

Exemples :

> l'habit (et non *le habit*)   l'haleine (et non *la haleine*)

6. On utilise les **guillemets** (« ») :

A) Pour souligner qu'il s'agit de paroles ou de pensées telles que formulées.

Exemples :

> 1. « Je suis né dans la bruyère et j'y ai grandi », chantonnait Bribri Lelapin.
> 2. Benoît s'écria : « Qui a laissé la cage à lapin ouverte? »

B) Pour encadrer les titres de livres, de poèmes, de chansons ou de nouvelles. (Dans les documents informatiques, on remplace aujourd'hui souvent les guillemets par l'italique dans ce cas-ci.)

Exemples :

> 1. As-tu déjà lu le livre « Le pique-nique de Franklin »?
> 2. J'adore chanter la chanson « Over the Rainbow ».
> 3. Marie a récité un poème intitulé « Cheval blanc, cheval noir ».

Using Punctuation Marks
The Period (.)

A **period** (.) is used at the end of a sentence.

In the list below are seven sentences. Put a **period** (.) at the end of each sentence. Skip the groups of words which are not sentences.

1. Once upon a time there were three little pigs

2. A house of straw

3. The wolf blew down the houses made of straw and sticks

4. The third pig built his house with bricks

5. A nice apple tree

6. Five o'clock in the morning

7. The wolf called again on the third little pig

8. The wolf told the pig to get up early

9. The angry wolf tried

10. The frightened pig

11. The wolf and the pig were going to pick apples in the morning

12. The little pig ran home quickly

Skill: Using a period at the end of a sentence.

OTM-2521 • SSY1-21 Les majuscules
et la ponctuation

L'emploi de la ponctuation et des signes typographiques
Le point (.)

On utilise le **point** (.) pour terminer une phrase.

Il y a sept phrases dans la liste ci-dessous. Ajoute un **point** (.) à la fin de chaque phrase. Ne mets pas de point aux groupes de mots qui ne sont pas des phrases.

1. Il était une fois trois petits cochons

2. Une maison de paille

3. Le loup fit s'écrouler les maisons de paille et de bois

4. Le troisième petit cochon construisit sa maison de briques

5. Un beau pommier

6. Cinq heures du matin

7. Le loup se rendit de nouveau chez le troisième petit cochon

8. Le loup dit au petit cochon de se lever tôt

9. Le loup en colère tenta

10. Le petit cochon effrayé

11. Le loup et le petit cochon devaient aller cueillir des pommes le lendemain matin

12. Le petit cochon courut vite jusque chez lui

Habileté : utiliser le point pour terminer une phrase

Using Punctuation Marks
The Period (.)

A **period** (.) is used after **initials** and after **abbreviations** (short forms).

A) Write the following names using initials on the lines provided.

Example: | Lisa Jayne Tureski   L.J. Tureski |

1. Peter Warren Hatcher _____
2. Farley Drexel Hatcher _____
3. Ramona Quimby _____
4. Laura Ingalls Wilder _____
5. Write you name in full. _____
6. Write your name using initials. _____
7. Write your father's name using initials. _____

B) Write the abbreviations for the following words. Remember to end each abbreviation with a period.

Example: | Monday - Mon. |

1. Tuesday _____	12. January _____
2. Wednesday _____	13. February _____
3. Thursday _____	14. March _____
4. Friday _____	15. April _____
5. Saturday _____	16. August _____
6. Sunday _____	17. December _____
7. mister _____	18. doctor _____
8. street _____	19. road _____
9. avenue _____	20. drive _____
10. October _____	21. mistress _____
11. September _____	22. November _____

Skill: Using a period after initials and abbreviations.

L'emploi de la ponctuation et des signes typographiques

Le point (.)

On utilise le **point** (.) abréviatif dans les **initiales** et dans les **abréviations** (mots réduits).

A) Transcris les noms qui suivent en remplaçant le ou les prénoms par une ou des initiales.

Exemples : | Lisa Jayne Tureski   L.J. Tureski |

1. Alison Émilie Cousteau _____

2. Jean-François Parent _____

3. Gloria Quimby _____

4. Laura Lord _____

5. Écris ton nom au long. _____

6. Écris ton nom en mettant une ou des initiales à la place de ton ou tes prénoms. _____

7. Fais de même avec le nom de ton père. _____

B) Écris la forme abrégée des mots qui suivent. N'oublie pas le point abréviatif.

Exemple : | voir - v. |

1. exemple	_____	12. janvier	_____
2. page	_____	13. février	_____
3. juillet	_____	14. appartement	_____
4. téléphone	_____	15. avril	_____
5. Alberta	_____	16. boulevard	_____
6. chemin	_____	17. décembre	_____
7. monsieur	_____	18. case postale	_____
8. et cetera	_____	19. maximum	_____
9. avenue	_____	20. nord	_____
10. octobre	_____	21. post-scriptum	_____
11. septembre	_____	22. novembre	_____

Habileté : utiliser le point abréviatif dans les initiales et les abréviations

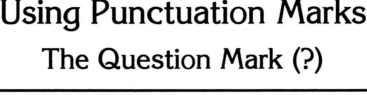

Using Punctuation Marks
The Question Mark (?)

A **question mark** (?) is used after a question sentence.

Example: | When are you going to Mexico?

A) Listed below are sentences that are questions and sentences that are statements. Put the correct **punctuation mark** on the line at the end of each sentence. Then **underline** all the question sentences.

1. Who is going to the show with you ____
2. Tomorrow is the day of the fall fair ____
3. My grandfather gave me a football for my birthday ____
4. Have you ever made a secret plan with your best friend ____
5. During my holidays I went to the museum to look at the dinosaur displays ____
6. What did you see at the toy store ____
7. At recess the girls skipped and played hopscotch ____
8. Before breakfast I saw two orange and black butterflies below my window ____
9. What would you do if your dog followed you to school one day ____
10. Open your books and then do the work from the chalkboard ____

B) Write a good **question sentence**.

_____

_____

_____

Skill: Using the period and question mark correctly.

L'emploi de la ponctuation et des signes typographiques
Le point d'interrogation (?)

On utilise le **point d'interrogation (?)** à la fin de la phrase interrogative.

Exemple : | Quand pars-tu au Mexique? |

A) Dans la liste ci-dessous, il y a des phrases interrogatives (les questions) et des phrases affirmatives ou impératives. Ajoute le **signe de ponctuation** correct à la fin de chaque phrase. Ensuite, **souligne** toutes les phrases interrogatives.

1. Qui t'accompagne au spectacle ____
2. C'est demain qu'a lieu la foire d'automne ____
3. Mon grand-père m'a donné un ballon de football pour mon anniversaire ____
4. As-tu déjà forgé un plan secret avec ta meilleure amie ____
5. Pendant mes vacances, je suis allée voir l'exposition de squelettes de dinosaures au musée ____
6. Qu'y avait-il au magasin de jouets ____
7. Pendant la récréation, les filles ont sauté à la corde et joué à la marelle ____
8. Avant le déjeuner, j'ai vu deux papillons orange et noir sous ma fenêtre ____
9. Que ferais-tu si ton chien te suivait jusqu'à l'école ____
10. Ouvrez vos cahiers, puis faites les exercices inscrits au tableau ____

B) Écris une bonne **phrase interrogative**.

_____

_____

Habileté : utiliser le point et le point d'interrogation correctement

Using Punctuation Marks
The Exclamation Mark (!)

An **exclamation mark** (!) is used after an exclamation sentence.

Example: | My, but your bunny has long ears!

An **exclamation mark** (!) is used after a sentence that shows surprise, fear or happiness.

Example: | I can't believe that we lost the game!

On the line, at the end of each sentence, record the correct **punctuation mark**. **Underline** the sentences that need an exclamation mark.

1. Why do I always wake up when I am in the middle of a wonderful dream ____

2. How different he was from Mother Duck's other babies ____

3. A tiny, black snake wriggled through the tall grass in the farmer's field ____

4. What a wonderful time they had ____

5. "Look at those wonderful big, red apples ____" cried Jack ____

6. "You poor little kitten ____" said Mrs. Winter ____

7. John drew pictures of a bear, a deer and a grasshopper ____

8. "Why do pigs love to roll in the mud so much ____" John asked his grandfather ____

9. "Eek ____ A spider ____" screamed Mary ____

10. "My ____ New hay smells wonderful ____" cried Henry as he entered the barn ____ .

Skill: Using the punctuation marks ., ?, ! correctly.

L'emploi de la ponctuation et des signes typographiques
Le point d'exclamation (!)

On utilise le **point d'exclamation** (!) à la fin d'une phrase exclamative.

Exemple : | Ça alors, c'est que ton lapin a de longues oreilles!

On utilise le **point d'exclamation** (!) dans une phrase qui indique la surprise, la peur ou la joie.

Exemple : | Je ne peux pas croire que nous ayons perdu la partie!

À la fin de chaque phrase, inscris le **signe de ponctuation** correct. **Souligne** ensuite les phrases exclamatives.

1. Pourquoi est-ce que je me réveille toujours quand je suis au beau milieu d'un rêve magnifique ___

2. Comme il était différent des autres petits de Maman Cane___

3. Un minuscule serpent noir se tortillait dans les herbes hautes du champ de ferme ___

4. Comme ils se sont amusés ___

5. « Regarde ces merveilleuses grosses pommes rouges___ », s'est écrié Jack___

6. « Mes pauvres petits chats___ », s'est attristée Mme Winter ___

7. John a dessiné un ours, un chevreuil et une sauterelle ___

8. « Pourquoi les cochons aiment-ils tant se rouler dans la boue___ », demanda Jean à son grand-père ___

9. « Aah___ Une araignée___ », a crié Marie ___

10. « Ça, par exemple___ Les foins encore frais sentent vraiment bon ___ », s'écria Henri en entrant dans la grange ___

Habileté : utiliser correctement les signes ., ? et !

Using Punctuation Marks
The Comma (,)

Part A:

A **comma** (,) is used to **separate** words in a **list** or **series**.

Example:

| Mary wore her new dress, hat, and coat. |

In each sentence below put the commas where they belong.

1. Have you done your reading spelling and science?
2. The children bought paper paste and paint at the art shop.
3. Monkeys like to eat nuts leaves ants and bananas.
4. At the store mother bought bread milk butter eggs and orange juice.
5. Mark put some ham cheese lettuce and tomatoes in his sandwich.

Part B:

A **comma** (,) is used to set off the **name** of the person or thing about whom, or for whom the sentence is written.

Example:

| Gail, tell your sister to come here at once. |

In each sentence below put the commas where they belong.

1. Paula have you ever ridden in an airplane?
2. Is hockey your favorite sport Andrew?
3. Please bring me my sweater Andrea.
4. Bob is this your lost jacket?
5. Mr. Turtle can you join me for lunch?

Skill: Using a comma to separate words in a list. Using a comma to set off a name or thing in a sentence.

L'emploi de la ponctuation et des signes typographiques
La virgule (,)

Partie A :

La **virgule** (,) sert à **séparer** les mots d'une **liste** ou d'une **série** (sauf devant le *et* ou le *ou*).

Exemple : Marie portait sa robe, son chapeau et son manteau neufs.

Dans les phrases ci-dessous, ajoute les virgules nécessaires.

1. As-tu appris la lecture l'épellation et les sciences?
2. Les enfants ont acheté du papier de la colle et de la peinture au magasin de matériaux artistiques.
3. Les singes aiment manger des noisettes des feuilles des fourmis et des bananes.
4. Au magasin, maman a acheté du pain du lait du beurre des œufs et du jus d'orange.
5. Marc a mis du jambon du fromage de la salade et des tomates dans son sandwich.

Partie B :

La **virgule** (,) sert à isoler le **nom** de la personne à qui on s'adresse du reste de la phrase.

Exemple : Gaëlle, dis à ta sœur de venir ici tout de suite.

Dans les phrases ci-dessous, ajoute les virgules nécessaires.

1. Paula as-tu déjà pris l'avion?
2. Le hockey est-il ton sport préféré André?
3. Apporte-moi mon chandail s'il te plaît Andréa.
4. Robert est-ce la veste que tu as perdue?
5. M. Latortue pouvez-vous dîner avec moi?

Habiletés : utiliser la virgule pour séparer les éléments d'une liste; utiliser la virgule pour isoler le nom de la personne à qui on s'adresse

Using Punctuation Marks
The Comma (,)

Part A:

A **comma** (,) is used to set off the answer words *yes* and *no*.

Example: | Yes, I can go to the movies.

In each sentence below put the commas in the correct places.

1. No John may not go to the park today.
2. Yes I went to Seattle by jet on Friday.
3. Yes my favorite friend is Martha.
4. No I want to finish reading this page.
5. Yes I will tell my sister that you called her.

Part B:

A **comma** (,) is used to separate the **explaining words** from the **quotations** in written talking.

Example: | "That will be easy," said a wee mouse.

In each sentence below put the commas in the correct places.

1. "My babies are always hungry" said Mrs. Robin.
2. "No I will not share my fish" said Brown Bear.
3. Tommy said "I don't have to get up early tomorrow so I can sleep in."
4. "I have the best wool of all the sheep on the farm" bragged Blackie.
5. Grandmother cried "What a pretty black kitten!"

Skill: Using commas to set off the words yes and no. Using commas in quotations.

L'emploi de la ponctuation et des signes typographiques
La virgule (,)

Partie A :

La **virgule** (,) sert à isoler la réponse *oui* ou *non*.

Exemple :
> Oui, je peux aller au cinéma.

Dans les phrases ci-dessous, ajoute les virgules nécessaires.

1. Non John ne peut pas aller au parc aujourd'hui.
2. Oui je suis allée à Seattle en avion vendredi.
3. Oui Martha est ma meilleure amie.
4. Non je veux terminer la lecture de cette page.
5. Oui je dirai à ma sœur que tu as appelé.

Partie B :

La **virgule** (,) sert à séparer l'**explication** des paroles rapportées.

Exemple :
> « Ce sera facile », affirma une minuscule souris.

Dans les phrases ci-dessous, ajoute les virgules nécessaires.

1. « Mes petits ont toujours faim » affirma Mme Merle.
2. « Non je ne partagerai pas mon poisson » dit Ours Brun.
3. « Je n'ai pas à me lever tôt demain alors je ferai la grasse matinée » dit Thomas.
4. « J'ai la meilleure laine de tous les moutons de la ferme » se vanta Noiraud.
5. « Quel joli chaton noir! » s'écria grand-mère.

Habiletés : utiliser la virgule pour isoler les réponses oui et non; utiliser les virgules dans les citations

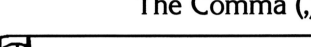

Using Punctuation Marks
The Comma (,)

1. A **comma** is used after the **greeting** and **closing** of a letter.

2. A **comma** is used to **separate** the **name** of a place from its **province** or **state**.

3. A **comma** is used to **separate** the **day** of the month and the **year**.

Example:

14 Marion Rd.
② Columbus, OH
③ April 16, 200___

①
Dear Grandmother,

    I enjoyed my holiday at your ranch during the summer.   Thanks for taking me to the rodeo. It was a very exciting day!

    I hope I can visit you again soon.

Your loving grandson,
④ Jeff

Punctuate the following letter with the correct punctuation marks.

95 Appleby Cr
Seattle WA
March 30 200___

Dear Uncle Al

    Thank you for sending me the book about Harry Potter for my birthday I really enjoyed reading it Mom took me to the movie about it I had a great birthday this year

Love
Peter

Skill: Using punctuation marks in a letter.

L'emploi de la ponctuation et des signes typographiques

La virgule (,)

1. La **virgule** sert à séparer le numéro d'immeuble du nom de la rue dans la correspondance.

2. On met une **virgule** à la fin de l'appel d'une lettre et pour isoler la reprise de l'appel dans les salutations.

3. La **virgule** sert à indiquer une inversion.

Exemple :

① 14, ch. Marion
Columbus, OH
16 avril 200__

②

Chère grand-mère,

③ À ton ranch cet été, je me suis bien amusé. Merci de m'avoir emmené voir le rodéo. Cette journée a été passionnante!

④ Je t'envoie, chère grand-mère, de tendres bisous.

Jean

Ajoute la ponctuation requise à la lettre qui suit.

95 rue Appleby
Seattle WA
30 mars 200__

Cher oncle Albert

Merci de m'avoir envoyé le nouveau Harry Potter pour mon anniversaire J'ai eu beaucoup de plaisir à le lire Maman m'a emmenée voir le film Cette année j'ai eu un super anniversaire

Reçois cher oncle Albert toute mon affection
Patricia

Habiletés : utiliser la ponctuation correcte dans une lettre; utiliser la virgule dans l'inversion

Using Punctuation Marks
The Apostrophe (')

The **apostrophe** (') is used to show that something belongs to someone except with the word "it".

| If a word does not end with "s", an **'s** is added to the end. |
| If a word does end with an "s" only an **apostrpohe** is added. |

On the line provided, record the underlined word(s) in each sentence correctly. Put in the missing apostrophe where it is needed.

1. Part of **Fathers** paper is on the floor. _____

2. Many of our **neighbors** houses were damaged during the storm. _____

3. I almost fell over my **brothers** tricycle at the bottom of the steps. _____

4. My **sisters** birthday is celebrated on April **Fools** Day.

    _____   _____

5. The **boys** kites were flying higher and higher in the sky.

    _____

6. Mr. **Smiths** car was badly damaged in the accident.

    _____

7. The **womans** five pies were set out to cool. _____

8. The **girls** faces showed shock when they saw the bear coming towards them. _____

9. The **teachers** umbrella was big and black. _____

10. **Bobs** jacket is hanging on a hook in his closet. _____

Skill: Using the apostrophe to show possession.

L'emploi de la ponctuation et des signes typographiques
L'apostrophe (')

L'apostrophe (') sert à élider une voyelle finale quand une voyelle initiale la suit.

Les mots qui peuvent s'élider sont : *le, la, je, me, te, se, ne, de, que, ce* et *jusque*.
Le mot *si* s'élide devant *il*.
Les mots *lorsque, puisque* et *quoique* s'élident devant *il, elle, en, on, un* et *une*.
Le mot *presque* s'élide devant *île*.

Dans chaque phrase, repère le mot dans lequel il faut élider une lettre – il y en a parfois plus d'un. Sur la ligne, transcris-le (ou les), avec l'élision appropriée, et le mot qui le suit.

Exemple : La apostrophe est très utile. <u>L'apostrophe</u>

1. Le almanach est une sorte de calendrier. _____

2. Si il pleut demain, nous irons au musée. _____

3. Lorsque il fera beau, nous irons jouer dehors. _____

4. Manhattan est une presque île. _____

5. Les vacances scolaires durent jusque au mois de août.

   _____

6. Je aime me balader à bicyclette. _____

7. Peux-tu me apporter les assiettes si il te plaît, Jean?

   _____

8. Il ne aime pas les aliments trop amers. _____

9. Je ne ai pas de autre choix que de avertir tes parents.

   _____

10. Ce est que il fait beau aujourd'hui! _____

Habileté : utiliser l'apostrophe dans l'élision d'une voyelle

Using Punctuation Marks
The Apostrophe (')

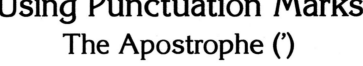

When one or more letters are left out in writing two words together, the shortened form is called a **contraction**.

An **apostrophe** is used in place of the letter or letters that have been left out.

Listed below are sentences with underlined words. Copy each sentence and replace the underlined words with a contraction.

1. "<u>You will</u> be late for dinner," said Tommy.

   _____

2. "Your brother's homework <u>has not</u> been finished," said the teacher.

   _____

3. "We <u>are not</u> going shopping today," called Mary.

   _____

4. "<u>It is</u> time to leave for school now," called Mary's mother.

   _____

5. I <u>will not</u> have to get up early tomorrow," said Tommy.

   _____

6. The little gray spider <u>could not</u> understand why people did not like him.

   _____

7. The princess <u>did not</u> sleep well with a pea under the mattresses.

   _____

8. <u>They are</u> going to put on a play.

   _____

9. The children <u>were not</u> hiding behind the tree.

   _____

10. <u>They have</u> a long walk home from school.

   _____

L'emploi de la ponctuation et des signes typographiques
L'apostrophe (')

L'**apostrophe** (') sert à élider une voyelle finale quand un h muet la suit.

Les mots qui peuvent s'élider devant le h muet sont : *le, la, je, me, te, se, ne, de* et *que*.

Dans chaque phrase, repère le mot dans lequel il faut élider une lettre (il y en a parfois plus d'un). Sur la ligne, transcris ce mot, avec l'élision appropriée, et le mot qui le suit.

1. Thomas se est cassé un bras et a dû se rendre à le hôpital.
   _____

2. Il ne a pas de habileté en menuiserie.
   _____

3. Je me habille chaudement, car il fait très froid cette semaine.
   _____

4. Je habite en Pennsylvanie.
   _____

5. Suzie a la habitude de se lever tôt.
   _____

6. Tes grands-parents te hébergeront pendant notre absence, mon chéri. _____
   _____

7. Agitez la capsule, et le mélange se homogénéisera.
   _____

8. Ils ne honoreront pas cet homme, car il a menti.
   _____

9. La ligne, bien que horizontale, n'est pas très droite.
   _____

10. La horloge indique 7 h.
    _____

Using Punctuation Marks
Quotation Marks (" ")

Quotation marks (" ") are used to enclose the **exact** words that someone has said or thought.

Example: | "I am going skating, Mother," called Mary.

Put the quotation marks around the speakers' words or thoughts in the sentences below.

1. May I help, Mother? Jean asked.

2. Tom called out, Father, where are you?

3. How did you make the bookcase, Mike? the boys asked.

4. Don't you like the water, Little Frog? asked Big Bird.

5. Billy shouted, Look out for the train!

6. Did you ring the bell? asked Heather.

7. This is a dark, spooky place, whispered Nancy.

8. We are waiting for Mrs. Raccoon, said the animals.

9. Did you see the blue jay at the feeder? asked Jeff.

10. Someone has been eating my porridge, growled Father Bear.

Skill: Using quotation marks to enclose a speaker's words.

L'emploi de la ponctuation et des signes typographiques
Guillemets (« »)

Les **guillemets** (« ») servent à encadrer des paroles ou des pensées telles que formulées.

Exemple : | « Je vais patiner, maman », cria Marie.

Recopie chaque phrase en prenant soin d'y ajouter des guillemets au bon endroit.

1. Puis-je t'aider, maman?, a demandé Jean.

   _____

2. Thomas héla : Papa, où es-tu?

   _____

3. Comment as-tu fabriqué la bibliothèque, Michel?, ont demandé les garçons.

   _____

4. N'aimes-tu pas l'eau, Petite Grenouille?, demanda Gros Oiseau

   _____

5. Benoît cria : Attention, la pluie arrive!

   _____

6. Avez-vous fait sonner la cloche?, demanda Hélène.

   _____

7. Il fait sombre et sinistre ici, chuchota Nancy.

   _____

8. Nous attendons M. Raton Laveur, ont dit les animaux.

   _____

9. Le geai bleu était-il à la mangeoire?, a demandé Jacques.

   _____

10. Quelqu'un a goûté à mon gruau, grogna Papa Ours.

Habileté : utiliser les guillemets pour encadrer des paroles

Using Punctuation Marks
Quotation Marks (" ")

Quotation marks (" ") are used to **enclose** the words that are the **titles** of books, poems, songs or stories found in sentences.

Example:

> Lucy Maud Montgomery wrote the novel called "Anne of Green Gables".

Use quotation marks to enclose the titles in the sentences below.

1. Have you ever read the poem called The Owl and the Pussy Cat?

2. I love to sing Jingle Bells when I see the first snowfall.

3. My favorite Robert Munsch book is called The Paper Bag Princess.

4. Look for the information about bats in the book called Nocturnal Mammals.

5. We are going to see a play called The Fairy Princess.

6. I really enjoyed the movie about the book called The Lord of the Rings.

7. Cinderella and Snow White are well known fairy tales.

8. Do you know the nursery rhyme called Humpty Dumpty?

9. The Nutcracker is a famous Christmas ballet.

10. No one knows who wrote the poem called Long, Long Ago.

Skill: Using quotation marks to enclose a title.

L'emploi de la ponctuation et des signes typographiques
Guillemets (« »)

Les **guillemets** (« ») servent à **encadrer** les **titres** de livres, de poèmes, de chansons ou de nouvelles dans les phrases.

Exemple :

Lucy Maud Montgomery a écrit le roman intitulé « Anne, la maison aux pignons verts ».

Recopie chaque phrase en prenant soin d'y ajouter des guillemets au bon endroit.

1. As-tu déjà lu la fable La cigale et la fourmi?

2. J'adore chanter Père Noël au moment des premières neiges.

3. Mon livre préféré de Dominique Demers est Tous les soirs du monde.

4. Cherche l'information sur les chauves-souris dans le livre qui porte le titre Mammifères nocturnes.

5. Nous allons voir une pièce intitulée La princesse folle.

6. J'ai beaucoup aimé le film tiré du roman Le seigneur des anneaux.

7. Cendrillon et Blanche Neige sont des contes de fées très connus.

8. Connais-tu la chanson À la claire fontaine?

9. Casse-Noisette est un célèbre ballet de Noël.

10. Personne ne sait qui a écrit Malbrouck s'en va-t-en guerre.

Habileté : utiliser les guillemets pour encadrer un titre

Using Capital Letters
Test

Circle the words in each sentence that require capital letters. **Write** the circled **words** with **capital letters** on the lines provided.

1. e. b. white writes wonderful stories for children.

    _____

2. everyone loves the books about franklin written by paulette bourgeois.

    _____

3. my favorite nursery rhymes are "mary had a little lamb" and "little boy blue".

    _____

4. the name on the door of the office said dr. t.s. elliott.

    _____

5. mr. and mrs. o'leary always celebrate st. patrick's day on march 17 every year.

    _____

6. the president of the united states lives in the white house in washington d.c.

    _____

7. the statue of liberty is in new york city, new york.

    _____

8. one of my favorite books is "the best christmas pageant ever" written by barbara robinson.

    _____

9. on christmas day many people celebrate the birth of jesus.

    _____

10. have you ever read the poem called "the night before christmas"?

    _____

Skill: Test on Capitalization.

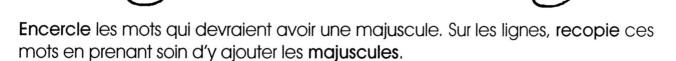

L'emploi des majuscules
Test

Encercle les mots qui devraient avoir une majuscule. Sur les lignes, **recopie** ces mots en prenant soin d'y ajouter les **majuscules**.

1. cécile gagnon écrit de merveilleux contes pour les enfants.

    _____

2. tout le monde adore la série de livres franklin de paulette bourgeois

    _____

3. mes comptines préférées sont ainsi font, font, font et am, stram, gram.

    _____

4. sur la porte du bureau, on pouvait lire, « dr t. s. elliott ».

    _____

5. m. et mme o'leary célèbrent la saint-patrick le 17 mars chaque année.

    _____

6. le président des états-unis vit à la maison-blanche, à washington, dans le district de columbia.

    _____

7. la statue de la liberté se trouve à new york city, new york.

    _____

8. un de mes livres préférés est « un pirate à l'école » de christine palluy.

    _____

9. à noël, de nombreuses personnes célèbrent la naissance de jésus.

    _____

10. as-tu déjà lu la fable « le corbeau et le renard »?

    _____

    _____

Habileté : emploi des majuscules
OTM-2521 • SSY1-21 Les majuscules
et la ponctuation

Using Punctuation Marks
Test

The sentences about fairy tales listed below have missing punctuation marks. On the lines provided, **rewrite** each sentence with its missing **punctuation marks** (. ? ! , ' "").

1. Whos that trotting over my bridge growled the troll loudly

   _____

2. Ill build a house of my own cried the first little pig

   _____

3. The rooster the donkey the dog and the cat became very good friends

   _____

4. I have only one piece of leather left the shoemaker told his wife sadly

   _____

5. Oh Godmother Cinderella cried If only I could go to the ball

   _____

6. Hansel Hansel Gretal cried We are saved

   _____

7. Jack stole the giants magic harp his magic hen and three bags of gold

   _____

8. Have you ever read the fairy tale called Rapunzel

   _____

9. shell die when she pricks her finger with a spindle croaked the wicked fairy

   _____

10. My said Goldilocks This porridge does smell ever so good

    _____

Skill: Test on Punctuation.

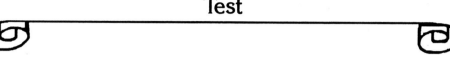

L'emploi de la ponctuation et des signes typographiques
Test

Des signes de ponctuation et des signes typographiques sont absents des phrases ci-dessous tirées de contes de fées. Sur les lignes, **réécris** les phrases en y ajoutant les **signes de ponctuation** (. ? ! ,) et les **signes typographiques** (' « ») nécessaires. N'oublie pas que l'apostrophe **remplace** la voyelle.

1. Demeure-t-elle bien loin lui demanda le loup

    _____

2. Je voudrais que vous partiez de ici et construisiez votre maison dit-elle

    _____

3. Le coq le âne le chien et le chat devinrent de très bons amis

    _____

4. Il se tourna vers Pinocchio et lui dit Bougre de gamin

    _____

5. Oh Marraine Si seulement je pouvais aller au bal sanglota Cendrillon

    _____

6. Hansel Hansel Nous sommes sauvés cria Gretel

    _____

7. Jack vola la harpe magique de le ogre sa poule magique et trois sacs de or

    _____

8. As-tu déjà lu le conte de fées intitulé Rapunzel

    _____

9. Elle se percera la main de un fuseau et elle en mourra croassa la vilaine fée

    _____

10. Ça par exemple Ce gruau sent vraiment bon dit Boucle de Or

    _____

Habileté : emploi des signes de ponctuation et des signes typographiques

Corrigé/Answer Key

Page 8:
1. Terry and Anna live in an old brick house.
2. Mary read a story called "The Fox and the Grapes."
3. Harry and Elizabeth went to see **Dr. J.P. Scott** for their yearly checkup.
4. Queen Elizabeth II lives in a place called Buckingham Palace.
5. I have a dog named Felix and a cat named Charlie.
6. Mr. and Mrs. Miller walk to the park every day with their granddaughter Emma.

Page 9 :
1. Martin et Anne vivent dans une vieille maison de briques.
2. Marie a lu une fable intitulée *La poule aux œufs d'or.*
3. Henri et Élisabeth ont fait faire leur bilan de santé annuel chez le **Dr J.-P.** Simard.
4. La reine Elizabeth II vit dans un endroit qui s'appelle le palais de Buckingham.
5. J'ai un chien qui s'appelle Filou et un chat qui s'appelle Chahut.
6. M. et Mme Millaire font une promenade au parc tous les jours avec leur petite-fille Emma.

Page 10:
1. February   2. March   3. Sunday
4. Halloween   5. April Fool's Day
6. *United States* - Memorial Day
   Canada - Remembrance Day
7. Monday, Tuesday, Wednesday, Thursday, Friday
8. Easter
9. *United States* - November
   Canada - October
10. February

Page 11 :
1. Saint-Valentin   2. Saint-Patrick
3. Fête du Travail   4. Halloween
5. Jour de l'An   6. Jour du Souvenir
7. Fête de la Reine   8. Pâques
9. Action de grâces   10. Saint-Sylvestre

Page 12:
Words to be circled in the sentences.
1. martha, peter, lebanon, new hampshire
2. our, south, pass, city, historic, site, south, pass, wyoming
3. have, cn, tower
4. lucy, maud, montgomery, cavendish, prince, edward island
5. the, mississippi, north, america
6. there, utah, museum, natural, history
7. statue, liberty, new york

8. my, disney land
9. many, mount everest
10. north america, south america

Page 13 :
Mots qui doivent être encerclés
1. marthe, pierre, bâton rouge, louisiane
2. notre, fort-chambly, québec
3. es, tour, cn
4. lucy, maud, montgomery, cavendish, île-du-prince-édouard
5. le, mississippi, amérique, nord
6. de, histoire, utah
7. la, liberté, new york
8. ma, la, ronde
9. de, everest
10. l'amérique, nord, amérique, sud

Page 14:
Words to be underlined and capitalized.

Sundance Circle	Bath Road
Bank of Montreal	Pizza Hut
Queen's University	Lakeside Park
Riverside Zoo	Trinity Church
Princess Street	Main Street

Page 15 :
Mots qui doivent être soulignés et transcris avec la majuscule

chemin Chambly	Pizza Hut
Banque de Montréal	Central Park
promenade Sussex	Trinity Church
Université McGill	rue Principale
zoo de San Diego	rue Papineau

Page 16:
1. Hansel and Gretal were lost in the woods.
2. They came to a house made of gingerbread.
3. A wicked witch lived in the gingerbread house.
4. She put the children in a cage.
5. The witch wanted to fatten them to eat.
6. Hansel and Gretal tricked the witch and they escaped.

Page 17 :
1. Hansel et Gretel étaient perdus dans la forêt.
2. Ils arrivèrent à une maison en pain d'épice.
3. Une vilaine sorcière vivait dans la maison en pain d'épice.
4. Elle mit les enfants en cage.
5. La sorcière voulait les engraisser pour les manger.
6. Hansel et Gretel trompèrent la sorcière et s'enfuirent.

Page 18:

1. "The ice, at the pond, should be fine to skate on today," said Mary.
2. "Betty!" cried her mother in an angry voice. "If you don't hurry I'm going without you.
3. "Big Bird," cried Little Frog, "Surely you don't want to eat a little lost frog."
4. "I don't see anything funny," cried Grandmother. "Why are you laughing so hard?"
5. Squeak shouted to Pip, "Mrs. Rabbit often hides food. Let's see if she has hidden any in this one."

Page 19 :

1. « La glace, sur l'étang, est sans doute parfaite pour le patinage aujourd'hui », dit Marie.
2. « Béatrice! », cria sa mère d'une voix fâchée, « Si tu ne te dépêches pas, je pars sans toi. »
3. « Gros Oiseau, pleurnicha Petite Grenouille, tu ne veux sûrement pas manger une petite grenouille perdue. »
4. « Je ne vois pas ce qu'il y a de drôle, s'écria grand-mère, qu'as-tu à tant rire? »
5. Cuicui cria à Gazou : «Mme Lapin cache souvent de la nourriture dans les orifices vides. Voyons si elle n'en aurait pas caché dans celui-ci. »

Page 20:

March 29, 200___

Dear Grandma,

Thank you for the wonderful birthday present. I can hardly wait to use it this year when I play baseball. All my friends think it is a neat baseball glove. Hope to see you soon.

Your loving grandson,
Alex

Page 21 :

29 mars 200___

Chère grand-maman,

Merci pour le super cadeau d'anniversaire. J'aurai du mal à attendre que la saison de baseball commence pour l'utiliser. Tous mes amis trouvent mon nouveau gant très chouette. À très bientôt.

Veuillez croire, chère grand-maman, à mon meilleur souvenir.

Alex

Page 22:

1. The Mouse and the Motorcycle
2. The Princess and the Pea
3. The Pied Piper of Hamelin
4. Our Yard is Full of Birds
5. The Magic School Bus Inside the Earth
6. The Bunny Who Found Easter
7. Over in the Meadow: An Old Country Rhyme
8. Caves: Facts, Stories, Activities
9. The Little Crooked Christmas Tree
10. The Worm Song and Other Tasty Tunes

Page 23 :

1. Hôtel Rimini
2. Le petit chaperon rouge
3. Vacances joyeuses
4. Armeline Fourchedrue
5. Arrivés à bon port
6. Le capteur de rêves
7. Le temps ne s'arrête pas pour les souris
8. Charlotte porte-bonheur
9. Un vélo pour Petit Tigre
10. Lucine et Malo

Page 24:

1. Once I saw a little bee
   Flying near an apple tree.
   When I walked towards a rose
   The bee stung me on my nose.
2. There was a little frog
   That sat on a log,
   And every time it spoke
   It went croak, croak.
3. See the little robin
   Sitting in a tree.
   Everything is quiet
   And so is he.

Page 25 :

1. C'est la mère Michel,
   Qui a perdu son chat.
   Qui crie à la fenêtre
   À qui le lui rendra.
2. Sur le pont d'Avignon,
   On y danse, on y danse
   Sur le pont d'Avignon,
   On y danse, tous en rond.
3. À la claire fontaine,
   M'en allant promener
   J'ai trouvé l'eau si belle
   Que je m'y suis baigné

Page 26:

1. I plan to take Economics 101 and Philosophy 100 when I go to college.
2. My parents read the *Los Angeles Times* every night after supper.
3. There has always been competition between Coke and Pepsi soft drinks.
4. I am sure that the *Wall Street Journal* has all the business news.

5. Do you read the Los Angeles Times or the Daily News?
6. My dream is to drive a Ferrari when I am older.

Page 27 :
1. J'adore le style des montres Swatch.
2. Mes parents lisent le *Los Angeles Times* chaque soir après le souper.
3. Les boissons gazeuses Coke et Pepsi ont toujours été en concurrence.
4. Je suis certaine que le *Wall Street Journal* contient toutes les nouvelles du monde des affaires.
5. Lis-tu le *Los Angeles Times* ou le *Daily News* ?
6. Je rêve de conduire une Ferrari quand je serai plus vieux.

Page 34:
The following sentences should end with a period.
1, 3, 4, 7, 8, 11,12

Page 35 :
Les lignes suivantes devraient se terminer par un point :
1, 3, 4, 7, 8, 11, 12

Page 36:
A) 1. P.W. Hatcher   2. F.D. Hatcher
   3. R. Quimby   4. L.I. Wilder
   5., 6. and 7. - Answers may vary.

B) 1. Tues.   2. Wed.   3. Thurs.   4. Fri.
   5. Sat.   6. Sun.   7. Mr.   8. St.
   9. Ave.   10. Oct.   11. Sept.   12. Jan.
   13. Feb.   14. Mar.   15. Apr.   16. Aug.
   17. Dec.   18. Dr.   19. Rd.   20. Dr.
   21. Mrs.   22. Nov.

Page 37 :
A) 1. A. É. Cousteau   2. J.-F. Parent
   3. G. Quimby   4. L. Lord
   5., 6. et 7. – les réponses varieront.

B) 1. ex.   2. p.   3. juill.   4. tél.
   5. Alb.   6. ch.   7. M.   8. etc.
   9. av.   10. oct.   11. sept.   12. janv.
   13. févr. 14. app.   15. avr.   16. boul.
   17. déc. 18. C. P. 19. max.   20. N.
   21. P.-S. 22. nov.

Page 38:
A) 1. Question Mark   2. Period
   3. Period   4. Question Mark
   5. Period   6. Question Mark
   7. Period   8. Period
   9. Question Mark   10. Period

Sentences to be underlined: 1, 4, 6, 9

B) Answers may vary.

Page 39 :
A) 1. Point d'interrogation   2. Point
   3. Point   4. Point d'interrogation
   5. Point   6. Point d'interrogation
   7. Point   8. Point
   9. Point d'interrogation   10. Point
Phrases qui doivent être soulignées : 1, 4, 6, 9

B) Les réponses varieront.

Page 40:
1. Question Mark
2. Exclamation Mark
3. Period
4. Exclamation Mark
5. Exclamation Mark, Period
6. Exclamation Mark, Period
7. Period
8. Question Mark, Period
9. Exclamation Mark, Exclamation Mark, Period
10. Exclamation Mark, Exclamation Mark, Period

Sentences to be underlined: 2, 4, 5, 6, 9, 10

Page 41 :
1. Point d'interrogation
2. Point d'exclamation
3. Point
4. Point d'exclamation
5. Point d'exclamation, point
6. Point d'exclamation, point
7. Point
8. Point d'interrogation, point
9. Point d'exclamation, point d'exclamation, point
10. Point d'exclamation, point d'exclamation, point

Phrases qui doivent être soulignées : 2, 4, 5, 6, 9, 10

Page 42:
Part A:
1. reading, spelling, and science
2. paper, paste, and paint
3. nuts, leaves, ants, and bananas
4. bread, milk, butter, eggs, and orange juice
5. ham, cheese, lettuce, and tomatoes

Part B:
1. Paula, have you ever ridden in an airplane?
2. Is hockey your favorite sport, Andrew?
3. Please bring me my sweater, Andrea.
4. Bob, is this your lost jacket?
5. Mr. Turtle, can you join me for lunch?

Page 43 :
Partie A :
1. la lecture, l'épellation et les sciences
2. du papier, de la colle et de la peinture
3. des noisettes, des feuilles, des fourmis et des bananes
4. du pain, du lait, du beurre, des œufs et du jus d'orange.
5. du jambon, du fromage, de la salade et des tomates

Partie B :
1. Paula, as-tu déjà pris l'avion?
2. Le hockey est-il ton sport préféré, André?
3. Apporte-moi mon chandail s'il te plaît, Andréa.
4. Robert, est-ce la veste que tu as perdue?
5. M. Latortue, pouvez-vous dîner avec moi?

Page 44:
Part A: 1. No, 2. Yes, 3. Yes, 4. No, 5. Yes,

Part B: 1. hungry, 2. No, fish, 3. said, 4. farm, 5. cried,

Page 45 :
Partie A : 1. Non, 2. Oui, 3. Oui, 4. Non, 5. Oui,

Partie B : 1. faim », 2. Non, poisson », 3. matinée », 4. ferme », 5. noir! »,

Page 46:

95 Appleby Cr.
Seattle, WA
March 30, 200___

Dear Uncle Al,

Thank you for sending me the latest Harry Potter's book for my birthday. I really enjoyed reading it. Mom took me to a movie about it. I had a great birthday this year!

Love,
Peter

Page 47 :

95, rue Appleby
Seattle, WA
30 mars 200___

Cher oncle Albert,

Merci de m'avoir envoyé le nouveau Harry Potter pour mon anniversaire. J'ai eu beaucoup de plaisir à le lire. Maman m'a emmenée voir le film. Cette année, j'ai eu un super anniversaire!

Reçois, cher oncle Albert, toute mon affection.

Patricia

Page 48:
1. Father's 2. neighbors' 3. brother's
4. sister's, Fool's 5. boys' 6. Smith's
7. woman's 8. girls' 9. teacher's
10. Bob's

Page 49 :
1. L'almanach 2. S'il
3. Lorsqu'il 4. presqu'île
5. jusqu'au, d'août 6. J'aime
7. m'apporter, s'il 8. n'aime
9. n'ai, d'autre, d'avertir 10. C'est, qu'il

Page 50:
1. You'll 2. hasn't 3. aren't 4. It's
5. won't 6. couldn't 7. didn't 8. They're
9. weren't 10. They've

Page 51 :
1. s'est, l'hôpital 2. n'a, d'habileté
3. m'habille 4. J'habite
5. l'habitude 6. t'hébergeront
7. s'homogénéisera 8. n'honoreront
9. qu'horizontale 10. L'horloge

Page 52:
1. "May I help, Mother?"
2. "Father, where are you?"
3. "How did you make the bookcase, Mike?"
4. "Don't you like the water, Little Frog?"
5. "Look out for the train!"
6. "Did you ring the bell?"
7. "This is a dark, spooky place,"
8. "We are waiting for Mrs. Raccoon,"
9. "Did you see the blue jay at the feeder?"
10. "Someone has been eating my porridge,"

Page 53 :
1. « Puis-je t'aider, maman? »
2. « Papa, où es-tu? »
3. « Comment as-tu fabriqué la bibliothèque, Michel? »
4. « N'aimes-tu pas l'eau, Petite Grenouille? »
5. « Attention, la pluie arrive! »
6. «Avez-vous fait sonner la cloche? »
7. « Il fait sombre et sinistre ici »
8. « Nous attendons M. Raton Laveur »
9. «Le geai bleu était-il à la mangeoire? »
10. « Quelqu'un a goûté à mon gruau »

Page 54:
1. "The Owl and the Pussy Cat"
2. "Jingle Bells"
3. "The Paper Bag Princess"
4. "Nocturnal Mammals"
5. "The Fairy Princess"
6. "The Lord of the Rings"
7. "Cinderella", "Snow White"
8. "Humpty Dumpty"
9. "The Nutcracker"
10. "Long, Long Ago"

Page 55 :
1. « La cigale et la fourmi »
2. « Père Noël »
3. « Tous les soirs du monde »
4. « Mammifères nocturnes »
5. « La princesse folle »
6. « Le seigneur des anneaux »
7. « Cendrillon », « Blanche Neige »
8. « À la claire fontaine »
9. « Casse-Noisette »
10. « Malbrouck s'en va-t-en guerre »

Page 56:
1. E. B. White
2. Everyone, Franklin, Paulette Bourgeois
3. My, Mary Had a Little Lamb, Little Boy Blue
4. The, Dr. T.S. Elliott
5. Mr., Mrs., O'Leary, St. Patrick's Day, March
6. The, United States, The White House, Washington D.C.
7. The Statue Liberty, New, York, City, New, York
8. One, The Best Christmas Pageant Ever, Barbara Robinson
9. On, Christmas Day, Jesus
10. Have, The Night Before Christmas

Page 57 :
1. Cécile Gagnon
2. Tout, Franklin, Paulette Bourgeois
3. Mes, Ainsi, Am
4. Sur, Dr, T., S., Elliott
5. M., Mme, O'Leary, Saint-Patrick
6. Le, États-Unis, Maison-Blanche, Washington, Columbia
7. La, Liberté, New York City, New York
8. Un, Un, Christine, Palluy
9. À, Noël, Jésus
10. As, Le

Page 58:
1. "Who's that trotting over my bridge?" growled the troll loudly.
2. "I'll build a house of my own," cried the first little pig.
3. The rooster, the donkey, the dog, and the cat became very good friends.
4. "I have only one piece of leather left," the shoemaker told his wife sadly.
5. "Oh Godmother!" Cinderella cried. "If only I could go to the ball!"
6. "Hansel! Hansel!" Gretal cried. "We are saved!"
7. Jack stole the giant's magic harp, his magic hen, and three bags of gold.
8. Have you ever read the fairy tale called "Rapunzel"?
9. "She'll die when she pricks her finger with a spindle," croaked the wicked fairy.
10. "My!" said Goldilocks. "This porridge does smell ever so good!"

Page 59 :
1. « Demeure-t-elle bien loin? », lui demanda le loup.
2. « Je voudrais que vous partiez d'ici et construisiez votre maison », dit-elle.
3. Le coq, l'âne, le chien et le chat devinrent de très bons amis.
4. Il se tourna vers Pinocchio et lui dit : « Bougre de gamin! »
5. « Oh! Marraine! Si seulement je pouvais aller au bal! », sanglota Cendrillon.
6. « Hansel! Hansel! Nous sommes sauvés! », cria Gretel.
7. Jack vola la harpe magique de l'ogre, sa poule magique et trois sacs d'or.
8. As-tu déjà lu le conte de fées intitulé « Rapunzel »?
9. « Elle se percera la main d'un fuseau et elle en mourra », croassa la vilaine fée.
10. « Ça alors! Ce gruau sent vraiment bon! », dit Boucle d'Or.